TOME **1**

CROQUE
lignes

Sous la direction
de Jean Émile GOMBERT
professeur de psychologie des apprentissages
à l'université Rennes 2

MÉTHODE DE LECTURE **CP**

Emmanuelle BONJOUR
maître de conférences en psychologie du développement
à l'université Rennes 2

Fanny DE LA HAYE
maître de conférences en psychologie cognitive
à l'IUFM de Bretagne

Nathalie MAREC-BRETON
maître de conférences en psychologie du développement
à l'IUFM de Bretagne

Nicole MÉNAGER
maître de conférences en linguistique française
à l'université Rennes 2

Françoise PICOT
IEN

Brigitte SENSEVY
conseillère pédagogique

Christine STIEVENARD
professeur des écoles

\\\\Nathan

Sommaire

p.6 à 8, Pour commencer (transition GS-CP) : les jours de la semaine, des mots de la famille, des « petits r
(un, une, le, la, il, elle), le nom des couleurs, les lettres de l'alphabet.

	Activités Textes/Compréhension		Des sons et des lettres S'entraîner pour mieux lir
p. 9 à 28 **Unité 1**	**Ma maîtresse est une ogresse** de Sylvie Poillevé **Fiction :** vie quotidienne		
	Épisode 1.................................... p. 10	[a]	a
	Épisode 2.................................... p. 14	[ʀ]	r
	Épisode 3.................................... p. 18	[i]	i
	Épisode 4.................................... p. 22	[t]	t
p. 29 à 44 **Unité 2**	**Le lion et le lièvre** **Fiction :** conte d'Afrique de l'Ouest		
	Épisode 1.................................... p. 30	[y]	u
	Épisode 2.................................... p. 34	[l]	l
	Épisode 3.................................... p. 38	[o]/[ɔ]	o, au, ea
p. 45 à 68 **Unité 3**	**La soupe au caillou** **Fiction :** conte traditionnel		
	Épisode 1.................................... p. 46	[m]	m
	Épisode 2.................................... p. 50	[u]	ou
	Épisode 3.................................... p. 54	[n]	n
	Épisode 4.................................... p. 58	[ə]/[ø]/[œ]	e, eu, œu
	La recette de la soupe au chocolat **Recette de cuisine**		
	Recette .... p. 63	[p]	p
p. 69 à 88 **Unité 4**	**Le monde d'Abuk** **Documentaire :** la vie des Inuits en Arctique (découverte du monde)		
	Partie 1.................................... p. 70	[e]	é, er, ez
	Partie 2.................................... p. 74	[k]	c, qu, k
	Partie 3.................................... p. 78	[ɔ̃]	on, om
	Partie 4.................................... p. 82	[d]	d

© Nathan – 25 avenue Pierre de Coubertin, 75013 Paris – 2010.
© Nathan , 2016 pour la présente impression
ISBN 978-2-09-122030-7

Activités ocabulaire	Activités Étude de la langue	L'atelier des mots	D'autres textes à découvrir
es mots u poster : école/La classe es expressions e la peur	Reconnaître une phrase (majuscule et point)	Des mots qui commencent par re- : *manger/remanger*, *prendre/reprendre*	Une chanson : *L'ogre* de Corinne Albaut
es mots u poster : *savane* s animaux la savane	Reconnaître le nom et le verbe	Des mots qui se terminent par -eau, -on : *un lionceau*, *un chaton*	Une poésie : *Le lion de papier* de Thomas Scotto
s mots poster : *marché* s verbes action ns les recettes cuisine	Distinguer les noms et les verbes des autres mots	Des mots qui se terminent par -eur : *un chanteur*, *un coiffeur*	Une poésie : *La soupe de la sorcière* de Jacques Charpentreau
s mots poster : *banquise* s adjectifs sens contraire	Reconnaître les noms masculins et les noms féminins	Des mots avec des lettres finales muettes : *t de éléphant…*	Une chanson : *Chanson pour les enfants l'hiver* de Jacques Prévert

Les pages de l'histoire ou du documentaire

Tu écoutes chaque épisode de l'histoire lu par l'enseignant. Bientôt, tu seras capable de lire le texte tout seul !

- Les activités que l'élève peut lire en complète autonomie sont signalées par la consigne « Lis tout seul ».
- Les autres activités de lecture sont à lire avec l'aide de l'enseignant.
- Toutes les autres activités sont lues par l'enseignant.

Les pages bleues « Des sons et des lettres »

Tu découvres un nouveau son **en écoutant** une comptine.

Avec l'enseignant, tu repères, dans des mots, le son étudié.

Tu lis des syllabes, des mots et une phrase : tu peux les lire tout seul !

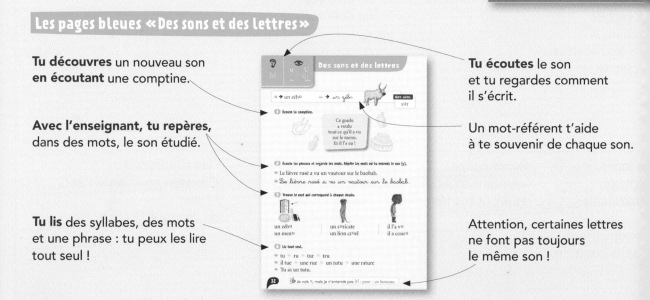

Tu écoutes le son et tu regardes comment il s'écrit.

Un mot-référent t'aide à te souvenir de chaque son.

Attention, certaines lettres ne font pas toujours le même son !

Les pages orange « Activités »

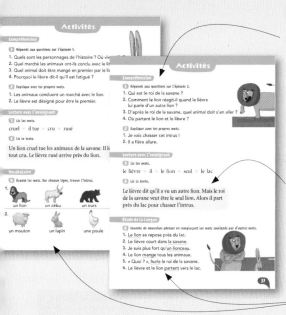

Après chaque épisode,
tu écoutes et tu réponds
à l'oral à des questions pour
mieux comprendre le texte.

À la fin de l'histoire,
**tu vérifies que tu as bien
compris** toute l'histoire
et tu donnes ton avis.

Avec l'aide de l'enseignant,
toi aussi, **tu peux lire**
des mots et des phrases
de l'histoire !

En écoutant des mots et des phrases, **tu découvres**
comment fonctionne la langue et tu enrichis ton vocabulaire.

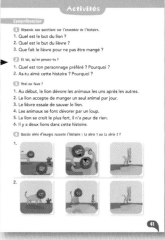

La page bleue
« S'entraîner pour mieux lire »

Tu révises les sons que tu as appris :
tu peux lire des syllabes, des mots
et des phrases tout seul !

Tu observes
et **tu comprends** comment
sont formés les noms
des petits des animaux,
les noms de métiers...

La page verte
« L'atelier des mots »

Tu découvres d'autres livres
sur le thème de l'unité.
Un adulte pourra te les lire,
mais bientôt, tu pourras
les lire tout seul !

La page
« D'autres textes à découvrir »

écoutes une poésie ou une chanson
r le thème de l'unité. Tu peux ensuite
pprendre et la réciter.

Pour commencer

Je connais les jours de la semaine

1 Observe.

LUNDI	MARDI	MERCREDI	JEUDI	VENDREDI	SAMEDI	DIMANCHE
lundi	mardi	mercredi	jeudi	vendredi	samedi	dimanche
lundi	mardi	mercredi	jeudi	vendredi	samedi	dimanche

2 Dis le nom du troisième jour de la semaine.

3 Dis le nom des deux derniers jours de la semaine.

4 Dis le nom des jours où tu vas à l'école.

Je connais des mots de la famille

5 Observe.

un papa   une maman

6 Retrouve le mot qui correspond à chaque dessin.

papa   mamie   papi   maman

Je connais des petits mots

1 Observe.

un garçon

le garçon

une fille

la fille

il mange

elle saute

2 Qui sont-ils ? Qu'est-ce que c'est ?

un  | une  | la  | le

3 Que font-ils ?

il

elle

Je connais le nom des couleurs

1 Observe.

blanc   jaune   rouge   bleu   vert   noir

2 De quelle couleur sont les objets ?

Papa a un **noir**.

La est **rouge**.

Maman a une **jaune**.

Le est **vert**.

Je connais les lettres de l'alphabet

3 Observe.

a b c d e f g h i j k l m
n o p q r s t u v w x y z

a b c d e f g h i j k l m
n o p q r s t u v w x y z

4 Dis le nom des lettres de l'alphabet.

a b c d e f g h i j k l m n o p q r s t u v w x y z

Ma **maîtresse** est une **Ogresse** !

Une histoire écrite par Sylvie Poillevé
et illustrée par Laurent Richard

Flammarion

Aujourd'hui, c'est la rentrée ! Thomas est terrorisé,
mais pas question de le montrer ! Il rentre au CP,
chez les grands ! Et les grands… ça n'a peur… de rien !
Mais, chez les grands, il y a une nouvelle maîtresse.
Thomas panique… Et si elle était méchante ?

Les parents papotent et Thomas tremblote…
– Elle croque la vie à pleines dents ! dit l'un.
– C'est un monstre de travail ! dit l'autre.
Thomas sursaute !

Croque… Dents… Monstre…

A-t-il bien entendu ? *(à suivre page 14)*

a ➜ un ami   a ➜ un ami

MOT-OUTIL

avec

1 Écoute la comptine.

> Voilà, voilà ! dit le chat,
> je suis trop gras,
> je mange trop de rats,
> impossible de faire un pas.

2 Écoute les phrases et regarde les mots. Répète les mots où tu entends le son [a].

● Thomas part à l'école avec son cartable.

● Thomas part à l'école avec son cartable.

3 Trouve le mot qui correspond à chaque dessin.

Voilà !

le papa   un cartable   il arrive
la maman   les parents   il parle

Je vois a, mais je n'entends pas [a] : la maîtresse – dans.

Activités

Compréhension

1 Réponds aux questions sur l'épisode 1.

1. Pourquoi Thomas a-t-il peur de rentrer chez les grands ?

2. Pourquoi Thomas ne veut-il pas montrer qu'il a peur d'aller à l'école ?

3. Quels sont les mots qui font peur à Thomas ?

4. Et toi, à quoi penses-tu en entendant ces mots ?

2 Explique avec tes propres mots.

1. Elle croque la vie à pleines dents !

2. C'est un monstre de travail !

Lecture avec l'enseignant

3 Lis les mots.

Thomas arrive ● avec ● le papa ● la maman

4 Lis la phrase.

Thomas arrive à l'école avec son papa et sa maman.

Vocabulaire

5 Observe Thomas sur l'illustration ci-dessus. Puis écoute et réponds aux questions.

Est-il content ? A-t-il peur ? À quoi le vois-tu ?

6 Écoute les mots. Dis ce qui peut faire peur.

 un monstre
 un cartable
 une peluche
 un clown

 un chaton
 une araignée
 une souris
 une sorcière

Les parents continuent :
– Il paraît que cette maîtresse
est toujours pleine d'allégresse !
Quoi ? La maîtresse
est une ogresse !
Oh, là, là…

Thomas tremblote, et bla-bla-bla… les parents papotent !
– Ah ! Elle s'appelle madame Toucru ?

Quoi ? Elle va le manger tout cru !

Oh, là, là !

Driiing !

(à suivre page 18)

15

r ➜ la rue   ℛ ➜ la rue

MOT-OUTIL
pour

1 **Écoute la comptine.**

Le rat
des rues
se rit
des rois.

Agnès Rosenstiehl,
L'alphabet fou, © Larousse,
1978.

2 **Écoute les phrases et regarde les mots. Répète les mots où tu entends le son [R].**

● Thomas prend son livre de lecture pour lire.

● *Thomas prend son livre de lecture pour lire.*

3 **Trouve le mot qui correspond à chaque dessin.**

un rat   un cartable   elle croque
un arbre   une porte   il rentre

4 **Lis tout seul.**

ra ● ar ● rar

Je vois r, mais je n'entends pas [R] : manger – un cahier.

Activités

Compréhension

1 Réponds aux questions sur l'épisode 2.

1. De qui les parents de Thomas parlent-ils ?

2. Qu'est-ce qu'une ogresse ?

3. Pourquoi Thomas pense-t-il que sa maîtresse est une ogresse ?

4. Sais-tu comment s'appelle la maîtresse de Thomas ?

5. Pourquoi Thomas pense-t-il que sa maîtresse va le manger tout cru ?

6. Qui poursuit Thomas sur l'illustration de la page 14 ?

2 Explique avec tes propres mots.

1. Elle est pleine d'allégresse !

2. Elle va le manger tout cru !

Lecture avec l'enseignant

3 Lis les mots.

les parents • ils parlent • la maîtresse • madame Toucru

4 Lis le texte.

Les parents de Thomas parlent de la maîtresse.
Elle s'appelle madame Toucru.

Étude de la langue

5 Observe le texte ci-dessus. Puis écoute et réponds aux questions.

1. Compte le nombre de points.

2. Combien y a-t-il de phrases dans ce texte ?

La cloche de l'école sonne !
Les portes s'ouvrent.
Ses parents le poussent doucement devant eux,
et il se retrouve nez à nez avec…
une petite dame, toute petite, toute menue…
madame Toucru !

– Bonjour ! lui dit-elle. Je suis ta nouvelle
maîtresse ! Mon prénom est Isabelle.
Et toi, comment t'appelles-tu ?

Thomas est tellement surpris
qu'aucun mot ne sort de sa bouche.

– Il est trop mignon, mignon à croquer !
dit la maîtresse à ses parents.

La maîtresse va-t-elle
croquer Thomas ? *(à suivre page 22)*

Des sons et des lettres

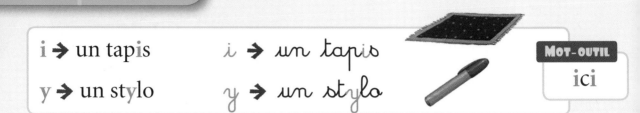

i ➜ un tapis   i ➜ un tapis

y ➜ un stylo   y ➜ un stylo

MOT-OUTIL
ici

1 Écoute la comptine.

Quelle heure est-il ?
– Il est midi.
– Qui te l'a dit ?
– La petite souris.

2 Écoute les phrases et observe les mots. Répète les mots où tu entends le son [i].

● Ici, c'est la classe de Thomas et de ses amis.

● Ici, c'est la classe de Thomas et de ses amis.

3 Trouve le mot qui correspond à chaque dessin.

un ami   un pyjama   elle dit
un livre   un stylo   il lit

4 Lis tout seul.

ri ● ir ● rir

Je vois i, mais je n'entends pas [i] : une craie – la peinture.

Compréhension

1 Réponds aux questions sur l'épisode 3.

1. Comment est la nouvelle maîtresse de Thomas ?
2. Quel est le prénom de la maîtresse de Thomas ?
   Quel est son nom ?
3. De quoi Thomas est-il surpris ?
4. Comment la maîtresse trouve-t-elle Thomas ?
5. Et toi, que penses-tu de la maîtresse de Thomas ?
   Ressemble-t-elle à une ogresse ?

2 Explique avec tes propres mots.

1. Il se retrouve nez à nez avec madame Toucru.
2. Elle le trouve mignon à croquer.

Lecture avec l'enseignant

3 Lis les mots.

surpris • petite

4 Lis le texte.

Thomas est surpris. Sa maîtresse est petite.

Étude de la langue

5 Écoute les phrases. Retrouve la phrase correcte dans chaque série.

1. Les parents parlent de la maîtresse
2. Les parents parlent de la maîtresse.

3. Elle s'appelle madame Toucru.
4. elle s'appelle madame Toucru.

Quoi ? **À croquer ?** Cette fois-ci, **c'en est trop !**
Thomas doit connaître la vérité !
– Alors, tu vas me manger ? demande-t-il
d'une voix étranglée.

La maîtresse sourit à Thomas et chuchote :
– Tu sais, si les maîtresses mangeaient les enfants,
ça se saurait depuis longtemps !

Sylvie Poillevé, *Ma maîtresse est une ogresse*,
illustré par Laurent Richard, © Flammarion.

t ➜ une tortue   t ➜ une tortue

MOT-OUTIL
trop

1 Écoute la comptine.

> Petite tortue,
> pourquoi te caches-tu ?
> Petite tortue,
> tu es bien têtue.

2 Écoute les phrases et observe les mots. Répète les mots où tu entends le son [t].

- Thomas porte trop de livres.
- Thomas porte trop de livres.

3 Trouve le mot qui correspond à chaque dessin.

le tableau
une porte

la peinture
un tapis

elle rentre
il porte

4 Lis tout seul.

ti ● ta ● tir ● tar ● tra ● tri

Je vois t, mais je n'entends pas [t] : un rat – il rit.

Activités

Compréhension

1 Réponds aux questions sur l'épisode 4.

1. Quelle vérité Thomas veut-il connaître ?

2. Pourquoi Thomas a-t-il une voix étranglée ?

3. La maîtresse va-t-elle manger Thomas ?
Comment le sais-tu ?

2 Explique avec tes propres mots.

1. C'en est trop !

2. Thomas parle avec une voix étranglée.

Lecture avec l'enseignant

3 Lis les mots.

il arrive ● les parents ● ils parlent ● la maîtresse
madame Toucru ● surpris ● petite ● elle sourit

4 Lis le résumé de l'histoire.

Thomas arrive à l'école avec son papa et sa maman.

Les parents de Thomas parlent de la maîtresse.
Elle s'appelle madame Toucru.

Thomas est surpris. Sa maîtresse est petite.

Elle sourit à Thomas.

Compréhension

1 Réponds aux questions sur l'ensemble de l'histoire.

1. Que se passe-t-il dans la tête de Thomas pendant qu'il attend devant l'école ?
2. Thomas a-t-il bien entendu les mots « croque », « dents » et « monstre » ?
3. La maîtresse de Thomas est-elle un monstre ?

2 Et toi, qu'en penses-tu ?

1. As-tu aimé cette histoire ? Pourquoi ?
2. As-tu eu peur de rentrer à l'école des grands ? Pourquoi ?

3 Vrai ou faux ?

1. Thomas est rassuré avant d'aller à l'école des grands.
2. Les maîtresses mangent les enfants.
3. Les ogresses mangent les enfants.
4. Les enfants mangent les maîtresses.
5. Quand il entend la cloche, Thomas s'enfuit de l'école.

4 Quelle série d'images raconte l'histoire dans l'ordre : la série 1 ou la série 2 ?

 1.

 2.

1 Écoute la comptine.

L'ogresse

Elle croque et recroque
un rôti de ouistiti.
Elle mange et remange
un hachis de souris.
Elle prend et reprend
du clafoutis de fourmis.
Et, pour finir, elle se régale
de raviolis de kiwis.

2 Regarde les images et raconte ce que font les enfants.

1.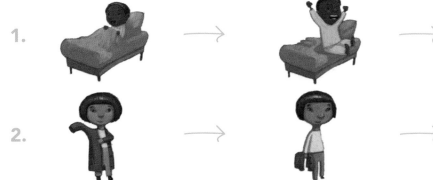

2.

3.

3 Écoute chaque phrase et dis si l'action est faite pour la première fois.

1. Elle retombe par terre.
2. Elle lit un conte à son frère.
3. Elle reprend de la tarte.
4. Elle parle à son ami.

1 **Lis tout seul les syllabes.**

ra ri ta ti ar ir tar tir tra tri

2 **Lis tout seul les mots.**

rire il ira il rira elle rit

il rate il tira taratata

un rat une tarte rare le riz

3 **Lis tout seul la phrase.**

La tarte est pour Rita.

4 **Trouve la maison de chaque mot.**
Puis trouve d'autres mots pour chaque maison.

 ra

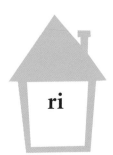 ri

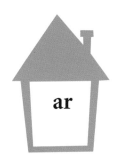 ar

le riz   un arbre   rire

un rat   il part   une tarte

L'ogre

J'ai un peu faim
Je mangerais bien
Un gros garçon
À l'estragon,
J'ai un peu faim
Je mangerais bien
Une petite fille
À la vanille,
J'ai un peu faim
Je mangerais bien
Deux jumelles
Au caramel.

Corinne Albaut,
101 poésies et comptines en musique,
© Bayard jeunesse, 2006.

Tomi Ungerer,
Le géant de Zeralda,
L'école des loisirs.

Le Petit Poucet, illustré
par Charlotte Roederer,
Nathan.

Anaïs Vaugelade,
*Le déjeuner de la petite
ogresse,*
L'école des loisirs.

Le lion et le lièvre

Un conte d'Afrique de l'Ouest
illustré par Caroline Palayer

Nathan

Un lion très cruel vivait
dans la savane.
Il tuait et dévorait tout crus
les animaux les uns après
les autres.
Un jour, les animaux
désespérés conclurent
un marché avec le lion :
un seul animal se présenterait
à lui chaque jour
pour être mangé.

Le lièvre rusé fut désigné pour être le premier.
« Hum, quel bon menu ! », pensa le lion en le voyant.

« Comme convenu, me voici, dit le lièvre tout essoufflé.
– Mais que t'arrive-t-il ? Tu as couru ?
– Laisse-moi du temps, juste une minute ; je suis fatigué
car j'étais poursuivi par un terrible lion. J'ai eu très peur. »

(à suivre page 34)

[y]

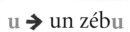

u ➜ un zébu   u ➜ un zébu

MOT-OUTIL

sur

1 Écoute la comptine.

Ce goulu
a voulu
tout ce qu'il a vu
sur le menu.
Et il l'a eu !

2 Écoute les phrases et regarde les mots. Répète les mots où tu entends le son [y].

● Le lièvre rusé a vu un vautour sur le baobab.

● Le lièvre rusé a vu un vautour sur le baobab.

3 Trouve le mot qui correspond à chaque dessin.

un zébu
un menu

un suricate
un lion cruel

il l'a vu
il a couru

4 Lis tout seul.

● tu ● ru ● tur ● tru

● il tue ● une rue ● un tutu ● une rature

● Tu as un tutu.

32

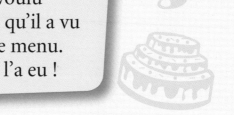

Je vois u, mais je n'entends pas [y] : pour – un lionceau.

Activités

Compréhension

1 Réponds aux questions sur l'épisode 1.

1. Quels sont les personnages de l'histoire ? Où vivent-ils ?

2. Quel marché les animaux ont-ils conclu avec le lion ?

3. Quel animal doit être mangé en premier par le lion ?

4. Pourquoi le lièvre dit-il qu'il est fatigué ?

2 Explique avec tes propres mots.

1. Les animaux concluent un marché avec le lion.

2. Le lièvre est désigné pour être le premier.

Lecture avec l'enseignant

3 Lis les mots.

cruel ● il tue ● crus ● rusé

4 Lis le texte.

Un lion cruel tue les animaux de la savane. Il les croque tout crus. Le lièvre rusé arrive près du lion.

Vocabulaire

5 Écoute les mots. Sur chaque ligne, trouve l'intrus.

un lion　　　un zébu　　　un ours　　　une antilope

un mouton　　　un lapin　　　une poule　　　un vautour

« Quoi ? Un autre lion sur mon territoire ? hurla le roi
de la savane. Cet animal doit s'en aller.
Je suis le seul lion ici ! Où est-il ?
– Je peux te mener jusqu'à lui, il est près du lac.
– Allons-y ! Je vais chasser cet intrus ! »

– Méfie-toi, cet intrus a fière allure, dit le lièvre.
Je l'ai vu. Il est très grand et il est plus fort qu'un éléphant.
Comparé à lui, tu ressembles à un lionceau.
– Ça suffit ! rugit le lion. Conduis-moi jusqu'à lui ! »
Et ils partirent vers le lac.

Une terrible lutte va-t-elle avoir lieu ?

(à suivre page 38)

>>>

l ➔ un lion   ℓ ➔ un lion

MOT-OUTIL
il y a

1 Écoute la comptine.

> Lulu lit.
> Lulu a lu.
> Qu'il est long
> le livre de Lulu !

2 Écoute les phrases et regarde les mots. Répète les mots où tu entends le son [l].

● Le lièvre dit : « Il y a un autre lion près du lac. »

● Le lièvre dit : « Il y a un autre lion près du lac. »

3 Trouve le mot qui correspond à chaque dessin.

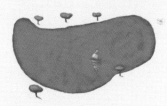

un lac
un lièvre

un lionceau
une antilope

allons-y
il hurle

4 Lis tout seul.

● la ● li ● lu ● al ● il ● lar ● ril

● il lit ● il lutte ● un lit ● le lard

● Lari lit avec Lulu.

36

Je vois l, mais je n'entends pas [l] : la taille – un fusil.

Activités

Compréhension

1 Réponds aux questions sur l'épisode 2.

1. Qui est le roi de la savane ?

2. Comment le lion réagit-il quand le lièvre
lui parle d'un autre lion ?

3. D'après le roi de la savane, quel animal doit s'en aller ?

4. Où partent le lion et le lièvre ?

2 Explique avec tes propres mots.

1. Je vais chasser cet intrus !

2. Il a fière allure.

Lecture avec l'enseignant

3 Lis les mots.

le lièvre ● il ● le lion ● seul ● le lac

4 Lis le texte.

Le lièvre dit qu'il a vu un autre lion. Mais le roi
de la savane veut être le seul lion. Alors il part
près du lac pour chasser l'intrus.

Étude de la langue

5 Écoute les phrases. Invente de nouvelles phrases en remplaçant les mots soulignés
par d'autres mots.

1. Le lion se repose près du lac.

2. Le lièvre court dans la savane.

3. Je suis plus fort qu'un lionceau.

4. Le lion mange tous les animaux.

5. « Quoi ? », hurle le roi de la savane.

6. Le lièvre et le lion partent vers le lac.

Arrivé au bord du lac, le roi des animaux
se pencha au-dessus de l'eau.
Aussitôt, il vit son ennemi :
un beau lion, aussi grand, aussi fort
que lui qui l'observait.
Fou de rage, le lion montra ses crocs,
sauta sur son adversaire… et se noya.

Voilà comment le lièvre rusé débarrassa
la savane du féroce animal.

[o] [ɔ]

o O au eau

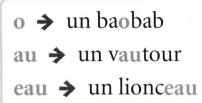

Des sons et des lettres

o ➜ un baobab o ➜ un baobab

au ➜ un vautour au ➜ un vautour

eau ➜ un lionceau eau ➜ un lionceau

MOTS-OUTILS

comme
beaucoup

1 Écoute la comptine.

Le crapaud Dingo
numéro zéro
s'en va-t-en chameau
visiter Bordeaux.

Chaterime, © J. et C. Held

2 Écoute les phrases et regarde les mots. Répète les mots où tu entends le son [o] ou [ɔ].

● Comme il fait chaud, les lionceaux boivent beaucoup d'eau.

● Comme il fait chaud, les lionceaux boivent beaucoup d'eau.

3 Trouve le mot qui correspond à chaque dessin.

l'eau
des crocs

des animaux
un bord

il saute
il observe

4 Lis tout seul.

● to ● tau ● ro ● reau ● lau ● or ● tol ● tro

● le loto ● une auto ● l'eau ● l'or ● une tortue

● Laurie a une auto.

Je vois o, mais je n'entends pas [o] : un lion – un loup.

Activités

Compréhension

1 Réponds aux questions sur l'épisode 3.

1. Au-dessus de quoi le lion se penche-t-il ?

2. Sur quoi le lion saute-t-il ?

3. Qu'est devenu le lion à la fin de l'histoire ?
Et le lièvre ?

2 Explique avec tes propres mots.

Le lion est fou de rage.

Lecture avec l'enseignant

3 Lis les mots.

cruel ● il tue ● crus ● rusé ● le lièvre ● le lion
seul ● le lac ● au bord ● l'eau ● il saute

4 Lis le résumé de l'histoire.

Un lion cruel tue les animaux de la savane. Il les croque tout crus. Un lièvre rusé arrive près du lion.

Le lièvre dit qu'il a vu un autre lion. Mais le roi de la savane veut être le seul lion. Alors il part près du lac pour chasser l'intrus.

Au bord du lac, le lion se penche au-dessus de l'eau. Il saute et il se noie.

Compréhension

1 **Réponds aux questions sur l'ensemble de l'histoire.**

1. Quel est le but du lion ?

2. Quel est le but du lièvre ?

3. Que fait le lièvre pour ne pas être mangé ?

2 **Et toi, qu'en penses-tu ?**

1. Quel est ton personnage préféré ? Pourquoi ?

2. As-tu aimé cette histoire ? Pourquoi ?

3 **Vrai ou faux ?**

1. Au début, le lion dévore les animaux les uns après les autres.

2. Le lion accepte de manger un seul animal par jour.

3. Le lièvre essaie de sauver le lion.

4. Les animaux se font dévorer par un loup.

5. Le lion se croit le plus fort, il n'a peur de rien.

6. Il y a deux lions dans cette histoire.

4 **Quelle série d'images raconte l'histoire : la série 1 ou la série 2 ?**

1.

2.

1 Écoute la comptine.

Qui est le plus grand ?

Le lionceau sur son radeau ?
L'éléphanteau sur son seau ?
Le gorillon sur son ballon ?
Le girafon sur son glaçon ?
« Moi », dit le souriceau
sur le dos du chameau.

2 Écoute les mots. Comment s'appellent les parents de ces animaux ?

 le caneton

 le chaton

 le raton

 le girafon

 l'éléphanteau

 le tigreau

le louveteau

 le chevreau

3 Écoute les mots. Comment s'appellent les petits de ces animaux ?

 l'ours

 l'aigle

 l'âne

 l'autruche

 le lion

 la baleine

 le renard

 le loup

1 **Lis tout seul les syllabes.**

tu • ru • lo • leau • rau • teau • ul • ol

lir • tor • tur • tru • tro • treau • trau • tral

2 **Lis tout seul les mots.**

tu riras • il lira • il a lu • un litre • une tirelire

une otite • une ortie • une otarie • l'aurore • alors

3 **Lis tout seul les phrases.**

Lulu a une tortue.

Rita a beaucoup lu.

4 **Trouve les dessins qui vont ensemble et lis tout seul les mots obtenus.**

tau

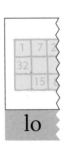
lo

au

râ

to

reau

teau

to

Le lion de papier

J'ai vu ses yeux
Dans les fourrés.
J'ai vu sa queue
Qui ondulait.
J'ai vu ses dents
Tout aiguisées
Et je l'ai vu
Me dévorer…

Pas vrai, pas vrai !
Je vais très bien.
Pas vrai, tu sais,
Je ne crains rien
D'un lion qui est
Sur papier peint.

Le chant secret des tam-tams, Thomas Scotto,
© Éditions Actes Sud, 2001.

Rafara, illustré par
Anne-Catherine De Boel,
L'école des loisirs.

Philippe Corentin,
L'Afrique de Zigomar,
L'école des loisirs.

Thierry Dedieu,
Yakouba,
Le Seuil jeunesse.

La **soupe** au **caillou**

Un conte traditionnel
illustré par AK

Nathan

Par une belle soirée de mai, un jeune mendiant aperçut,
au sommet de la montagne, les lumières d'un village.
Il marchait depuis deux jours et il n'avait rien trouvé
à manger sur son chemin.

« Ouf ! souffla-t-il soulagé. Je vais enfin me reposer. »

À peine fut-il entré dans le village
que les volets des maisons se fermèrent.
Il entendait le bruit des clés
dans les serrures. Les gens s'enfermaient.
Certains éteignaient même les lumières
pour mieux le surveiller sans se faire voir.

« Brr ! Quel accueil !
Grrouic ! Mon estomac crie famine.
Si seulement les gens l'entendaient. »

(à suivre page 50)

m → une moule   m → une moule

MOT-OUTIL

même

1 Écoute la comptine.

C'est mon ami.
Il me donne la main
le matin, le midi,
aujourd'hui et demain.

2 Écoute les phrases et regarde les mots. Répète les mots où tu entends le son [m].

- Le mendiant marche sur un chemin de montagne.
- Au marché, il y a des pommes et même des macarons.

3 Trouve le mot qui correspond à chaque dessin.

la montagne	une pomme	il marche
une maison	les lumières	il mange
un macaron	un chemin	il ferme

4 Lis tout seul.

- ma • mi • mo • mu • mar • mor • mil • mul
- il allume • il a mis • un lama • une moto • un homme
- Marie a mis trop de mots : elle rature.

Je vois m, mais je n'entends pas [m] : tomber – une jambe.

Compréhension

1 Réponds aux questions sur l'épisode 1.

1. À quel moment de l'année se passe cette histoire ?

2. Dans quel état est le jeune mendiant quand il arrive dans le village ?

3. Pourquoi le jeune mendiant dit-il « Brr ! Quel accueil ! » ?

2 Explique avec tes propres mots.

1. Un mendiant aperçoit les lumières d'un village.

2. Mon estomac crie famine.

Lecture avec l'enseignant

3 Lis les mots.

le mendiant ● les lumières ● manger ● ils ferment ● les maisons

4 Lis le texte.

Le mendiant voit les lumières d'un village. Il veut manger et se reposer, mais les gens ferment les maisons.

Vocabulaire

5 Écoute les mots. Que peut-on manger ?

 une pomme

 une souris

 un chou

 une marmite

 de la colle

 une huître

 de la moutarde

 un couteau

6 Écoute les mots. Que peut-on acheter chez...

1. le poissonnier ?   **2.** le fromager ?   **3.** le boucher ?

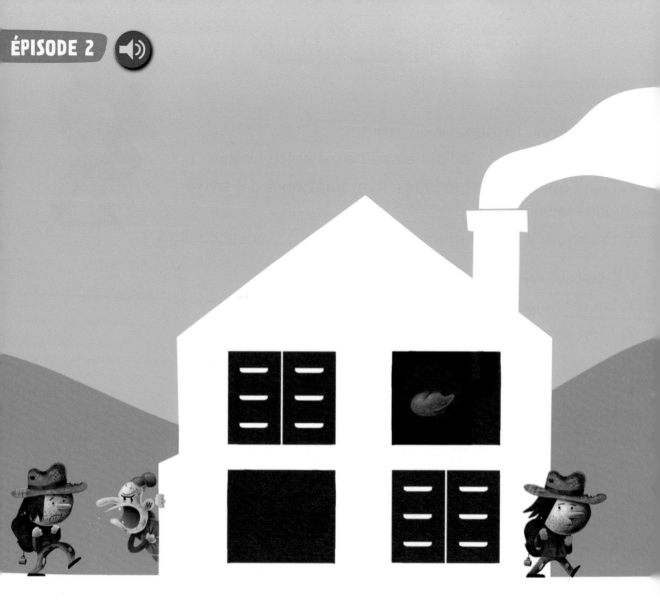

Attiré par une douce odeur de poulet, le mendiant
s'approcha d'une maison. Le verrou coulissa
et la porte s'ouvrit.
Une vieille femme, emmitouflée dans une couverture,
lui cria : « Je n'ai pas un sou ! Je ne peux pas te coucher
et encore moins te nourrir ! Oust, va t'en ! »
Elle était furieuse et lui parlait avec dégoût.

Il frappa à plusieurs portes mais les rares personnes
qui lui ouvraient lui disaient toujours la même chose :
« Nous n'avons pas de nourriture et pas d'endroit
pour te faire dormir, même pour une nuit ! »

Mentaient-ils tous ? *(à suivre page 54)*

ou ➜ un chou   ou ➜ un chou

MOT-OUTIL
toujours

1 Écoute la comptine.

Voulez-vous un peu de tout ?
Des choux, des poux,
des roues, des sous ?
Voulez-vous un peu de tout ?

2 Écoute les phrases et regarde les mots. Répète les mots où tu entends le son [u].

• La femme tourne le verrou et la porte s'ouvre.

• À la boucherie, il y a toujours du poulet.

3 Trouve le mot qui correspond à chaque dessin.

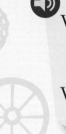 

une soupe   un caillou   il ouvre
un poulet   une route   elle roule
une tour   une moule   il se nourrit

4 Lis tout seul.

• ou • rou • lou • our • mour • tour • trou

• il roule • une roue • un loup • mou • autour

• Une auto roule sur la route.

Compréhension

1 **Réponds aux questions sur l'épisode 2.**

1. Quelle odeur attire le jeune mendiant ?

2. La vieille femme est-elle contente ?

3. Comment le mendiant est-il reçu par les autres villageois ?

4. À ton avis, les villageois disent-ils la vérité ? Pourquoi ?

2 **Explique avec tes propres mots.**

1. La vieille femme est emmitouflée dans une couverture.

2. Elle lui parle avec dégoût.

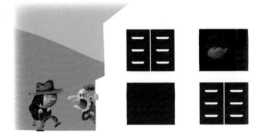

Lecture avec l'enseignant

3 **Lis les mots.**

douce • un poulet • le dégoût • nourrir

4 **Lis le texte.**

Le mendiant est attiré par une douce odeur de poulet. Mais la vieille femme lui parle avec dégoût et refuse de le nourrir.

Étude de la langue

5 **Écoute les mots. Trouve la maison de chaque mot.**

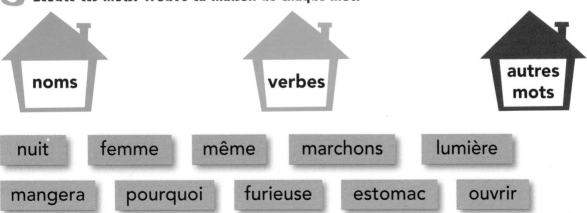

noms verbes autres mots

nuit   femme   même   marchons   lumière

mangera   pourquoi   furieuse   estomac   ouvrir

À la dernière maison du village,
une jeune fille, au doux visage,
ouvrit sa porte au jeune mendiant.
Elle non plus n'avait rien
à lui donner, mais elle lui fit
un beau sourire...

« Qu'à cela ne tienne,
dit le mendiant. Prêtez-moi
une marmite et je vous mitonnerai
une soupe digne d'une reine. »

Muni de la marmite, il alla puiser de l'eau au ruisseau
et alluma un grand feu, sur la place du village,
pour la faire bouillir.

La nuit était tombée mais la pleine lune éclairait
toute la scène. Curieuse, la jeune fille s'approcha
lorsqu'elle le vit mettre un gros caillou dans la marmite.

Quelle drôle de soupe va-t-il
préparer ? *(à suivre page 58)*

>>>

n ➜ une noix   n ➜ une noix

MOT-OUTIL

non

1 **Écoute la comptine.**

En neuf jours et neuf nuits,
Tonton Nestor a construit
avec son neveu Antonin
une niche jaune et noire
pour son nouveau caniche nain
qui se nomme Nénuphar.

Corinne Albaut, *Comptines de l'alphabet*,
© Bayard jeunesse, 2003.

2 **Écoute les phrases et regarde les mots. Répète les mots où tu entends le son [n].**

● La vieille femme n'a rien à donner, la jeune fille non plus.

● Le poissonnier n'a plus de sardines.

3 **Trouve le mot qui correspond à chaque dessin.**

un **n**avet   des a**n**imaux   elle so**nn**e
un me**n**u   une sardi**n**e   elle la **n**ourrit
une pru**n**e   des perso**nn**es   il mito**nn**e

4 **Lis tout seul.**

● na ● ni ● nu ● nou ● neau ● nar ● nir ● nor ● nil
● il tonne ● il mouline ● il a tenu ● la lune ● une note
● Nora nourrit les animaux.

 Je vois **n**, mais je n'entends pas [n] : maman – un.

Compréhension

1 **Réponds aux questions sur l'épisode 3.**

1. Que fait le jeune mendiant pour préparer la soupe ?
Explique les différentes étapes.

2. Où prépare-t-il la soupe ?

3. Le mendiant met un caillou dans la marmite.
Est-ce étonnant ? Pourquoi ?

2 **Explique avec tes propres mots.**

1. Je vous mitonnerai une soupe digne d'une reine.

2. La pleine lune éclaire toute la scène.

Lecture avec l'enseignant

3 **Lis les mots.**

jeune ● elle n'a rien ● donner ● une

4 **Lis le texte.**

La jeune fille n'a rien à donner au mendiant.
Mais elle lui prête une marmite. Il met de l'eau
et un caillou dans la marmite.

Étude de la langue

5 **Écoute les mots. Dans chaque maison, trouve l'intrus.**

faire
prêter
odeur
allumer
voir

maison
visage
donner
marmite
caillou

« Cette soupe serait meilleure si seulement j'avais
un peu de sel », dit le mendiant. La jeune fille,
intriguée, courut chez elle en chercher.

« C'est dommage, avec quelques légumes, elle serait
encore meilleure ! » Les parents de la jeune fille
partirent voir la voisine et rapportèrent un chou.

La voisine alerta l'épicier, qui apporta des navets
et des carottes. Le fermier offrit des pommes de terre
et des œufs. Le chasseur donna un morceau de viande
et le coiffeur une couverture pour que leur hôte
ne prenne pas froid.

Tous les villageois se regroupèrent
autour du feu pour partager
cette délicieuse soupe au caillou.
Ce fut une merveilleuse nuit.

Ils étaient heureux d'être ensemble.
La légende dit que ce fut
la première fête de village
sur la terre.

Tous s'amusèrent beaucoup sauf
la vieille femme qui, sur le caillou,
cassa ses deux dernières dents.

FIN

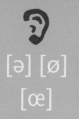 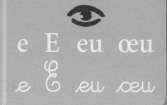

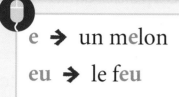

e → un melon   e → un melon

eu → le feu   eu → le feu

œu → un œuf   œu → un œuf

MOT-OUTIL

un peu

1 Écoute la comptine.

Un bouquet de fleurs,
des couleurs de feu.
C'est sa fête, et ma sœur
a des étoiles dans les yeux.

2 Écoute les phrases et regarde les mots. Répète les mots où tu entends le son [ə], [ø] ou [œ].

- La jeune fille a remis un peu d'eau dans la soupe.
- Le jeune homme retourne un morceau de bœuf sur le feu.

3 Trouve le mot qui correspond à chaque dessin.

un melon   un bœuf   il se repose
des œufs   un chasseur   il pleure

4 Lis tout seul.

- te ● le ● ne ● teu ● leu ● neu ● teur ● leur ● neur
- tenir ● il relit ● un moteur ● un nœud ● heureux
- Il est amoureux d'Ameline.

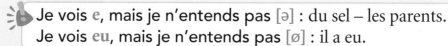
Je vois e, mais je n'entends pas [ə] : du sel – les parents.
Je vois eu, mais je n'entends pas [ø] : il a eu.

Compréhension

1 Réponds aux questions sur l'épisode 4.

1. Pourquoi le jeune mendiant dit-il que la soupe serait meilleure avec un peu de sel ?

2. Pourquoi dit-il qu'elle serait meilleure avec des légumes ?

3. Qui aide le jeune mendiant à faire la soupe ? Comment ?

2 Explique avec tes propres mots.

1. La jeune fille est intriguée.

2. Le coiffeur donne une couverture à leur hôte.

Lecture avec l'enseignant

3 Lis les mots.

le mendiant ● manger ● les maisons ● douce ● nourrir
jeune ● donner ● un peu ● des œufs ● heureux

4 Lis le résumé de l'histoire.

Un mendiant voit les lumières d'un village. Il veut manger et se reposer, mais les gens ferment les maisons.

Il est attiré par une douce odeur de poulet. Mais la vieille femme refuse de le nourrir.

La jeune fille n'a rien à donner au mendiant. Mais elle lui prête une marmite. Il met de l'eau et un caillou dans la marmite.

Les gens du village apportent un peu de tout : des légumes et des œufs pour faire une soupe. Ils sont heureux.

Compréhension

1 Réponds aux questions sur l'ensemble de l'histoire.

1. Comment se comportent les villageois avec le mendiant au début de l'histoire ? Et à la fin de l'histoire ?

2. Le jeune mendiant veut-il vraiment faire une soupe au caillou ? En fait, que veut-il faire ? Comment s'y prend-il ?

3. Pourquoi les villageois sont-ils heureux à la fin de l'histoire ?

2 Et toi, qu'en penses-tu ?

1. Quel est ton personnage préféré ? Pourquoi ?

2. Que penses-tu du comportement des villageois au début de l'histoire ?

3. As-tu déjà participé à une fête de village ou de quartier ? Raconte.

3 Vrai ou faux ?

1. Quand il arrive dans le village, le jeune mendiant a très faim.

2. La vieille femme accueille le jeune mendiant dans sa maison.

3. La jeune fille est une reine.

4. La jeune fille prête une marmite au jeune mendiant.

5. Le jeune mendiant sait préparer la soupe.

4 Raconte l'histoire en t'aidant des images.

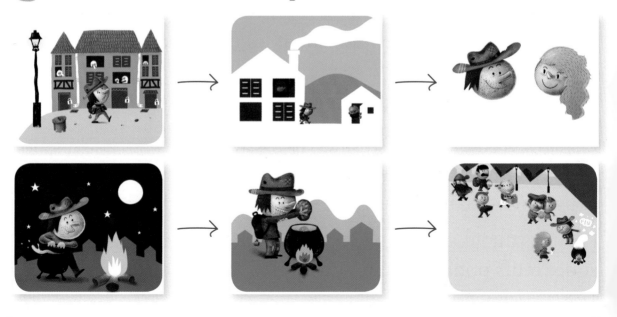

Et pour le dessert, que diriez-vous d'une bonne soupe au chocolat ?

Pour 4 personnes

Il faut :

- une plaquette de chocolat noir (200 g)
- un pot de crème fraîche liquide (600 g)

1. Fouetter 400 g de crème fraîche très froide avec un batteur électrique jusqu'à ce que la crème soit ferme.

2. Couper le chocolat en petits morceaux et le mettre dans une casserole.

3. Faire fondre le chocolat sur le feu avec le reste de crème fraîche.

4. Laisser tiédir. Ajouter la crème fouettée froide puis mélanger avec une spatule.

Si la soupe durcit, la faire refondre au four à micro-ondes avant de servir.

Accompagner cette soupe de brochettes de fruits : ananas, banane, pomme, poire, prune, pastèque, fraise, framboise…

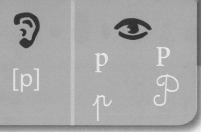

p → une **p**omme   ⍴ → une pomme

MOT-OUTIL

puis

1 Écoute la comptine.

Chez les **P**apous,
il y a des **P**apous **p**a**p**as
et des **P**apous **p**as **p**a**p**as.

2 Écoute les phrases et regarde les mots. Répète les mots où tu entends le son [p].

● Il cou**p**e des **p**ommes **p**our accom**p**agner la sou**p**e au chocolat.

● Pour mon repas, j'ai pris du poulpe, du poulet puis des prunes.

3 Trouve le mot qui correspond à chaque dessin.

une **p**rune
de la **p**astèque
une sou**p**e

une s**p**atule
un **p**oul**p**e
un **p**ot

il cou**p**e
elle a**p**elle
il les accom**p**agne

4 Lis tout seul.

● **p**u ● **p**a ● **p**e ● **p**eul ● **p**ur ● **p**lu ● **p**le ● **p**ra

● **p**unir ● il a a**p**pris ● une na**p**pe ● la **p**eau ● la tou**p**ie

● Il **p**leut sur la route, il ne **p**eut **p**lus lire les **p**anneaux.

Je vois p, mais je n'entends pas [p] : trop – un éléphant.

Compréhension

1 Écoute les phrases. Quelle phrase correspond à chaque dessin ?

1.

   a. Verser la crème.
   b. Fouetter la crème.

2.

   a. Râper le chocolat.
   b. Couper le chocolat.

3.

   a. Ajouter la crème.
   b. Mélanger la crème.

Lecture avec l'enseignant

2 Lis les mots.

pour ● préparer ● une soupe ● une plaquette
un pot ● on peut ● accompagner ● des pommes

3 Lis le texte.

Pour préparer une soupe au chocolat, il faut une plaquette de chocolat et un pot de crème. On peut accompagner cette soupe de pommes.

Vocabulaire

4 Dis ce qu'ils font.

1 Écoute la comptine.

Quand je serai grand

Quand je serai grand,
je serai voyageur !
Ou alors explorateur !
Je suis un grand rêveur,
un promeneur baroudeur.
Voyager, ça me fait rêver !

2 De quels métiers s'agit-il ?

3 Écoute le nom de ces métiers d'autrefois. À ton avis, que faisaient ces personnes ?

un montreur d'ours   un crieur   un allumeur

1 **Lis tout seul les syllabes.**

pi ● po ● pou ● pau ● meau ● nau ● re ● me ● peu
par ● mul ● nur ● pul ● pil ● por ● pour ● meur ● reur
pla ● pro ● pleu ● pri ● prou ● plou ● pleu ● pleur

2 **Lis tout seul les mots.**

il relie ● elle tourne ● il a pris ● il mord ● il noue
un marteau ● une loupe ● un pilote ● un poteau
la peur ● une lueur ● l'heure ● mal ● mille ● nul

3 **Lis tout seul les phrases.**

Paul est trop peureux.

Annie a peur des poules, des taupes et des pies.

Pauline a un amoureux.

4 **Retrouve les bouts de pancartes qui manquent et lis tout seul les mots obtenus.**

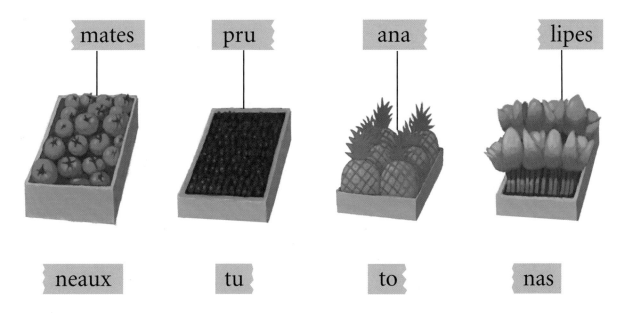

La soupe de la sorcière

Dans son chaudron la sorcière
Avait mis quatre vipères
Quatre crapauds pustuleux
Quatre poils de barbe-bleue
Quatre rats, quatre souris
Quatre cruches d'eau croupie
Pour donner un peu de goût
Elle ajouta quatre clous

Sur le feu pendant quatre heures
Ça chauffait dans la vapeur
Elle tourne sa tambouille
Et touille et touille et ratatouille
(bis)

Quand on put passer à table
Hélas c'était immangeable
La sorcière par malheur
Avait oublié le beurre
(bis)

© Jacques Charpentreau.

Josef Capek,
Un gâteau 100 fois bon,
Père Castor-Flammarion.

Alain Gaussel,
Le grain de riz,
Syros.

Claude Boujon,
Ah ! Les bonnes soupes,
L'école des loisirs.

Le monde d'Abuk

Un documentaire sur la vie en Arctique

Nathan

PARTIE 1

Abuk est inuit.
Il a onze ans.
Il vit dans un grand
désert blanc
qu'on appelle
l'Arctique.

Le climat

L'Arctique est une région où il fait toujours froid.
L'hiver est long et sombre car le soleil ne se lève jamais.
En été, au contraire, le soleil ne se couche pas.
Le soir, il descend très bas à l'horizon mais remonte
aussitôt. C'est le début d'une nouvelle journée.

L'habitat

Les habitants de l'Arctique sont des Inuits.

On peut aussi les appeler « Esquimaux ».

Ils habitent des maisons de bois aux couleurs vives.

Elles sont parfois très grandes et abritent plusieurs familles.

Ainsi, chez Abuk vivent ses parents, son oncle, sa tante et ses cousins.

(à suivre page 74)

Les cousins d'Abuk : Miki, Tupit et Kirima.

[e] é er ez

é → une écharpe é → une écharpe

er → un rocher er → un rocher

ez → le nez ez → le nez

MOT-OUTIL
chez

1 Écoute la comptine.

Je suis une petite araignée
et là, j'ai une bonne idée,
je sais où je vais te piquer,
ce sera sur le bout de ton nez !

2 Écoute les phrases et regarde les mots. Répète les mots où tu entends le son [e].

● Chez Abuk, il y a des rochers enneigés.

● Il ne s'est pas protégé, il a le bout du nez gelé.

3 Trouve le mot qui correspond à chaque dessin.

un désert　　l'été　　il va se coucher
un rocher　　une journée　　vous parlez
une région　　du poisson séché　　nous sommes étonnés

4 Lis tout seul.

● ré ● té ● lé ● mé ● né ● pé ● nez ● rez ● tré ● pré ● plé
● rouler ● parler ● vous préparez ● une épée ● le thé
● Amélie est allée préparer le thé.

　Je vois er, mais je n'entends pas [e] : une cerise.

Compréhension

1 Réponds aux questions sur la partie 1 du documentaire.

1. Pourquoi le grand désert où vit Abuk est-il blanc ?
2. Pourquoi l'hiver est-il sombre en Arctique ?
3. Comment appelle-t-on les habitants de l'Arctique ?
4. Avec qui Abuk vit-il ?
5. Ce texte est-il une histoire ? Pourquoi ?

2 Explique avec tes propres mots.

Le soleil descend très bas à l'horizon.

Lecture avec l'enseignant

3 Lis les mots.

appeler • un désert • en été • une région

4 Lis le texte.

On peut appeler les Inuits des Esquimaux. Ils vivent dans un désert blanc. En été, dans cette région, le soleil ne se couche jamais.

Vocabulaire

5 Écoute ces phrases qui ne disent pas la vérité. Donne les bonnes informations en remplaçant chaque mot souligné par un contraire.

1. L'Arctique est un petit désert blanc.
2. L'Arctique est une région où il fait toujours chaud.
3. En Arctique, l'hiver est court.
4. Les Inuits habitent des maisons de bois aux couleurs sombres.

PARTIE 2

La nourriture

Beaucoup d'Esquimaux
se nourrissent encore
des animaux qu'ils chassent
et des poissons qu'ils pêchent.
Abuk mange souvent
du poisson séché et de la viande
de phoque bouillie.
Il n'y a presque jamais
de légumes au repas.

Cette jeune fille inuit tient une
assiette de gâteaux à la baleine.

Les habits

Autrefois,
les vêtements
des Esquimaux
étaient fabriqués
en peau de bêtes.

Les jours de fête,
les Esquimaux portent
des costumes traditionnels
avec des bottes en peau
de phoque.

(à suivre page 78)

75

c → un caribou   c → un caribou

qu → un phoque   qu → un phoque

k → un anorak   k → un anorak

MOTS-OUTILS

encore

qui

1 Écoute la comptine.

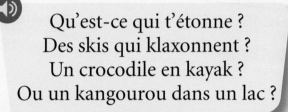

Qu'est-ce qui t'étonne ?
Des skis qui klaxonnent ?
Un crocodile en kayak ?
Ou un kangourou dans un lac ?

2 Écoute les phrases et regarde les mots. Répète les mots où tu entends le son [k].

● Beaucoup d'Esquimaux se nourrissent encore des poissons qu'ils pêchent.

● Qui fabrique des bottes en peau de phoque ?

3 Trouve le mot qui correspond à chaque dessin.

un caribou
un Esquimau
un phoque

un husky
un costume
un kayak

il écrit
il se couche
il traque

4 Lis tout seul.

● ca ● cou ● ku ● qua ● ac ● ic ● cli ● cur ● quar

● craquer ● quitter ● une carte ● la nuque ● un kimono

● Karima croque une carotte.

76   Je vois c, mais je n'entends pas [k] : blanc – le pouce.

Compréhension

1 Réponds aux questions sur la partie 2 du documentaire.

1. Que mange souvent Abuk ?

2. Qu'est-ce que les Inuits ne mangent presque jamais ?
À ton avis, pourquoi ?

3. Comment les Esquimaux s'habillaient-ils autrefois ?
À ton avis, comment s'habillent-ils aujourd'hui ?

2 Explique avec tes propres mots.

1. Les Esquimaux portent des costumes traditionnels.

2. Abuk mange de la viande de phoque bouillie.

Lecture avec l'enseignant

3 Lis les mots.

les Esquimaux ● beaucoup ● le costume ● il est fabriqué

4 Lis le texte.

Les Esquimaux mangent beaucoup de poissons.
Leur costume traditionnel est fabriqué en peau de bêtes.

Étude de la langue

5 Trouve d'autres noms masculins et d'autres noms féminins.

masculin	féminin
 Je suis un phoque.	 Je suis une maison.

6 le ou la ? Écoute et dis si le nom est masculin ou féminin.

caribou   neige   botte   poisson   soleil

Pour se déplacer sur l'eau, les Inuits ont inventé le kayak, un bateau de bois qui est recouvert de peaux de phoque.

La pêche

Les Esquimaux pêchent le saumon dans des trous percés dans la banquise. Les poissons sont nombreux et la pêche est souvent bonne.

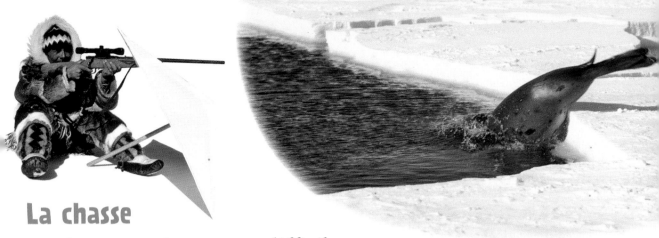

La chasse

La chasse au phoque est difficile.

Il faut attendre que le phoque monte sur la banquise
et s'allonge au soleil. Le chasseur s'approche doucement.
Mais souvent le phoque sent le danger et plonge
pour s'échapper.

Quand ils partent plusieurs jours de chez eux, les chasseurs
construisent des igloos pour se protéger du froid.

Il fait très froid
dehors, mais
il fait bon
dans l'igloo.

Comment construit-on un igloo ?

(à suivre page 82)

on ➜ un poiss**on**   *on ➜ un poisson*

om ➜ une **om**bre   *om ➜ une ombre*

MOT-OUTIL

donc

1 **Écoute la comptine.**

Petit poisson qui tourne en rond
Petit poisson dis-moi ton nom
Petit poisson tout rouge
Petit poisson qui bouge
Petit poisson sans nom.

2 **Écoute les phrases et regarde les mots. Répète les mots où tu entends le son [ɔ̃].**

● Les poissons sont nombreux. La pêche est donc bonne.

● *L'oncle d'Abuk pêche de bons saumons.*

3 **Trouve le mot qui correspond à chaque dessin.**

un poiss**on**	un n**om**bre	elle m**on**te
un saum**on**	une p**om**pe	elle pl**on**ge
un harp**on**	une **om**bre	ils c**on**struisent

4 **Lis tout seul.**

● m**on** ● n**on** ● r**on** ● l**on** ● tr**on** ● cr**on** ● pl**on**

● rac**on**ter ● il a c**om**pris ● une m**on**tre ● une c**om**pote

● La cane c**om**pte tous ses canet**on**s : ils sont au c**om**plet.

80

Je vois **on** ou **om**, mais je n'entends pas [ɔ̃] : un b**on**net – une p**om**me.

Compréhension

1 Réponds aux questions sur la partie 3 du documentaire.

1. Que pêchent les Esquimaux ? Que chassent-ils ?

2. Comment les Esquimaux se déplacent-ils ?

3. Pourquoi les Esquimaux font-ils des trous dans la banquise ?

4. Comment les chasseurs font-ils pour se protéger du froid ?

2 Explique avec tes propres mots.

Le phoque sent le danger.

Lecture avec l'enseignant

3 Lis les mots.

le saumon ● les poissons ● ils sont nombreux ● ils construisent

4 Lis le texte.

La pêche au saumon est souvent bonne car les poissons sont nombreux. Quand ils partent chasser le phoque, les Esquimaux construisent des igloos.

Étude de la langue

5 Écoute les phrases. Répète les phrases en ajoutant **un** ou **une** devant les noms en bleu.

1. Abuk vit dans ❄ maison de bois aux couleurs vives.

2. Pour pêcher, Abuk fait ❄ trou dans la banquise.

3. Abuk se déplace avec ❄ kayak recouvert de peaux de phoque.

Dis si le nom en bleu est masculin ou féminin.

6 Écoute et dis si le nom est masculin ou féminin. Pour t'aider, remplace l' par un ou une.

l'igloo   l'ours   l'ombre   l'anorak

PARTIE 4

Comment construit-on un igloo ?

Pour construire un igloo, on découpe d'abord
de gros blocs de neige bien dure.

Puis on pose les blocs les uns sur les autres.
Plus on monte, plus on incline les blocs pour donner
à l'igloo une forme arrondie.

Enfin, on découpe une ouverture en bas de l'igloo
et on construit un tunnel qui conduit dehors.

d → un renardeau   d → un renardeau

MOT-OUTIL

dans

1 Écoute la comptine.

Dis donc, que vois-tu de là-haut ?
Dis donc, dis donc, dis, dindon ?
Je vois sur la digue, un dindon.

Mots et fantaisies pour lire sans souci, Monique Hion,
© Éditions Actes Sud, 2001.

2 Écoute les phrases et regarde les mots. Répète les mots où tu entends le son [d].

● Les chasseurs dorment dans des igloos faits en neige très dure.

● Le dos du phoque a une forme arrondie.

3 Trouve le mot qui correspond à chaque dessin.

le monde   une ronde   il découpe
une grande maison   un dos   elle conduit
le désert   un renardeau   ils disposent

4 Lis tout seul.

● da ● de ● dou ● don ● dron ● dra ● dar ● dol
● coudre ● il découpe ● un rideau ● le mardi ● drôle
● Dimitri donne le départ : 1, 2, 3, partez !

Je vois d, mais je n'entends pas [d] : le plafond – un renard.

Compréhension

1 Réponds aux questions sur la partie 4 du documentaire.

1. Avec quoi construit-on un igloo ?

2. Par où entre-t-on dans un igloo ?

3. Quelle est la forme d'un igloo ?

4. Aimerais-tu habiter dans un igloo ? Pourquoi ?

2 Explique avec tes propres mots.

On incline les blocs de neige.

Lecture avec l'enseignant

3 Lis les mots.

appeler ● un désert ● en été ● les Esquimaux ● beaucoup
les poissons ● ils construisent ● ils découpent ● dure

4 Lis le résumé du documentaire.

On peut appeler les Inuits des Esquimaux. Ils vivent
dans un désert blanc. En été, dans cette région, le soleil
ne se couche jamais.

Les Esquimaux mangent beaucoup de poissons. La pêche
au saumon est souvent bonne car les poissons sont nombreux.

Quand ils partent chasser le phoque, les Esquimaux
construisent des igloos.

Pour construire un igloo, ils découpent des blocs de neige
bien dure.

Compréhension

1 **Réponds aux questions sur l'ensemble du documentaire.**

1. À ton avis, pourquoi un igloo ne fond-il pas ?

2. Pourquoi les Esquimaux chassent-ils les phoques ?

2 **Et toi, qu'en penses-tu ?**

1. Qu'est-ce qui t'a plu dans ce documentaire ?

2. Aimerais-tu vivre dans la région d'Abuk ? Pourquoi ?

3 **Vrai ou faux ?**

1. Dans le monde d'Abuk, il fait toujours chaud.

2. On peut appeler les habitants de l'Arctique des Inuits ou des Esquimaux.

3. Dans l'Arctique, les maisons sont très petites.

4. Les Esquimaux mangent beaucoup de légumes.

5. Dans un igloo, il ne fait pas froid.

4 **Regarde le dessin et dis ce qui ne correspond pas au monde d'Abuk.**

1 Écoute la comptine.

Sur la banquise

Pas d'éléphant ni d'éléphanteau,
pas de lézard ni de lézardeau,
juste des ours et des oursons
qui dorment sous les flocons.

2 Pour chaque série, trouve les mots de la même famille qui correspondent aux dessins.

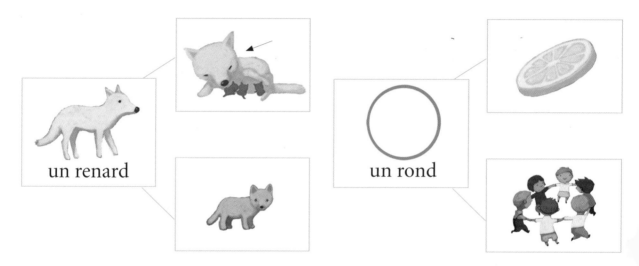

un renard

un rond

3 Écoute les mots et trouve le mot qui manque. Aide-toi de l'exemple.

blanc	→	blanche	→	la blancheur
1. long	→	longue	→	❄
2. grand	→	❄	→	la grandeur
3. laid	→	❄	→	la laideur
4. ❄	→	froide	→	la froideur

1 Lis tout seul les syllabes.

co ● uc ● cau ● dau ● dé ● ké ● ka ● kou ● quo ● queu
cal ● col ● doc ● dic ● duc ● dre ● cré ● cro ● dro
dri ● cri ● cru ● clou ● crou ● cra ● cla ● trac ● troc

2 Lis tout seul les mots.

pondre ● compter ● décorer ● nous décorons ● il croque
un koala ● du carton ● un conte ● la marée ● le départ
une dune ● un drap ● un caneton ● une poupée

3 Lis tout seul les phrases.

Un kilo de macarons coûte quatre euros.

Karine écoute le cri du coq.

Il compte les œufs que les poules ont pondus.

4 Forme des mots en prenant une syllabe dans la boîte orange puis une syllabe dans la boîte bleue.

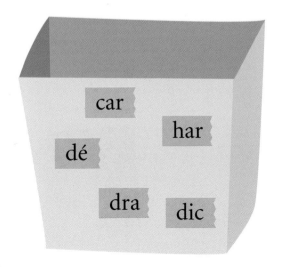
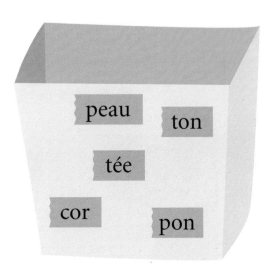

car
har
dé
dra
dic

peau
ton
tée
cor
pon

Chanson pour les enfants l'hiver

Dans la nuit de l'hiver
galope un grand homme blanc
galope un grand homme blanc

C'est un bonhomme de neige
avec une pipe en bois
un grand bonhomme de neige
poursuivi par le froid

Il arrive au village
il arrive au village
voyant de la lumière
le voilà rassuré

Dans une petite maison
il entre sans frapper
Dans une petite maison
il entre sans frapper
et pour se réchauffer
et pour se réchauffer
s'assoit sur le poêle rouge
et d'un coup disparaît
ne laissant que sa pipe
au milieu d'une flaque d'eau
ne laissant que sa pipe
et puis son vieux chapeau…

Jacques Prévert, *Histoires* © Gallimard, 1963.

Des histoires sur les Inuits :

Un documentaire :

Mado Seiffert,
Le Mange-Glace,
Gecko jeunesse.

Adapté par Chloé
Gabrielli, *Nook sur
la banquise*, Nathan.

Hélène Montarde,
*Les petits d'animaux
du froid*,
Mango jeunesse.

Les mots-référents

Les mots-référents sont présentés dans l'ordre des unités.

a A   *a A*

un **a**mi

un ami

r R   *r R*

la **r**ue

la rue

i I   *i I*

un tap**i**s

un tapis

y Y   *y Y*

un st**y**lo

un stylo

t T   *t T*

une **t**ortue

une tortue

u U   *u U*

un zéb**u**

un zébu

Les mots-référents

l L   *l* *L*

un **l**ion

un lion

o O   *o* *O*

un ba**o**bab

un baobab

au   *au*

un v**au**tour

un vautour

eau   *eau*

un lionc**eau**

un lionceau

m M   *m* *M*

une **m**oule

une moule

ou   *ou*

un ch**ou**

un chou

Les mots-référents

n N   n N

une **n**oix

une noix

e E   e E

un m**e**lon

un melon

eu   eu

le f**eu**

le feu

œu   œu

un **œu**f

un œuf

p P   p P

une **p**omme

une pomme

é   é

une **é**charpe

une écharpe

Les mots-référents

er   *er*

un roch**er**

*un roch**er***

ez   *ez*

le n**ez**

*le n**ez***

c C   *c C*

un **c**aribou

*un **c**aribou*

qu Qu   *qu Qu*

un pho**qu**e

*un pho**qu**e*

k K   *k K*

un anora**k**

*un anora**k***

on   *on*

un poiss**on**

*un poiss**on***

om   *om*

une **om**bre

*une **om**bre*

d D   *d D*

un renar**d**eau

*un renar**d**eau*

Les mots-outils

a	r	i
avec	pour	ici

t	u	l
trop	sur	il y a

o	eau	m
comme	beaucoup	même

ou	n	eu
toujours	non	un peu

p	ez	c
puis	chez	encore

qu	on	d
qui	donc	dans

Progression

Activités Textes/Compréhension		Des sons et des lettres S'entraîner pour mieux lir
Unité 5	**Armeline Fourchedrue** de Quentin Blake **Fiction :** humour **Fabriquer un bateau** **Fiche de fabrication**	[b] b [s] s, ss, ç [ɛ] è, e, ê, ai, ei [ɛ̃] in, ain, ein…
Unité 6	**À pied, à cheval et en voiture** **Documentaire :** les moyens de transport à travers le temps (découverte du monde)	[v] v [ʃ] ch [ã] an, am, en, e [f] f, ph
Unité 7	**Le loup Gary** de Fanny Joly **Fiction :** conte détourné	[ʒ] j, g, ge [wa] oi [wɛ̃] oin
Unité 8	**La vie des loups** **Documentaire :** la vie d'un animal sauvage (découverte du monde)	[g] g, gu [ɲ] gn
Unité 9	**Les grasses matinées du Soleil** de Gilles Massardier **Fiction :** science-fiction	[z] s, z [j] y, ill, il
Unité 10	**Le Soleil, notre étoile** **Documentaire :** le système solaire, rôle et dangers du Soleil (découverte du monde)	[ks] ou [gz] x – h (muet)

Activités Vocabulaire	Activités Étude de la langue	L'atelier des mots
es mots du poster : a *bicyclette* es verbes e sens contraire	Reconnaître les pronoms *il, elle, ils, elles*	Des mots qui se terminent par -ette : *une fillette, une camionnette, une clochette*
es mots du poster : es *moyens de transport* es verbes de déplacement	Reconnaître les pronoms *je, tu, nous, vous*	Des mots qui commencent par *para-, pare-* : *un parapluie, un parebrise*
es mots du poster : es *contes* es mots pour qualifier s personnages de contes	Distinguer le masculin et le féminin de l'adjectif	Des mots qui commencent par *in-, im-, il-* : *invisible, impossible, illisible*
es mots du poster : e *loup* es animaux sauvages es adjectifs e sens contraire	Distinguer le singulier et le pluriel des noms (*un chat/des chats*)	Des mots qui se terminent par -ment : *lentement, doucement*
es mots du poster : es *voyages dans l'espace* eel ou imaginaire es expressions du temps i passe/du temps qu'il fait	Distinguer le singulier et le pluriel des verbes (*il parle/ils parlent*)	Des mots qui se terminent par -able, -ible : *mangeable, visible*
s mots du poster : *espace* Soleil s mots qui se prononcent e la même manière s homophones)	Distinguer le présent, le passé et le futur	Des mots formés comme : *im-mange-able*

Crédits photographiques

p. 69 (bas) : EYEDEA / Jacana / Eric Baccega ; **p. 69 (haut droite) :** HEMIS / Bertrand Rieger ; **p. 69 (haut gauche) :** EYEDEA / Hoa-Qui / Eric Chretien ; **p. 70-71 :** BIOSPHOTO / SPL / Steve Allen ; **p. 71 (bas) :** ANA ; **p. 74 :** EYEDEA / Explorer / Eric Chretien ; **p. 75 (bas) :** CORBIS / Galen Rowell ; **p. 75 (haut) :** GETTY IMAGES France / National Geographic / W. Robert Moore ; **p. 78 (bas) :** SUNSET / NHPA ; **p. 78 (haut) :** GETTY IMAGES France / Luciana Whitaker ; **p. 79 (bas) :** ANA ; **p. 79 (haut droite) :** EYEDEA / Jacana / S. cordier ; **p. 79 (haut gauche) :** BSIP / George Holton ; **p. 82 (bas) :** CORBIS / Westend61 / Klaus Mellenthin ; **p. 82 (haut droite) :** EYEDEA / Firstlight ; **p. 82 (haut gauche) :** BIOSPHOTO / Petre Arnold / Steven Kaziowski ; **p. 82 (haut milieu) :** BIOSPHOTO / Peter Arnold / Steven Kaziowski.

Illustrateurs

AK : p. 45, 46, 47, 49 (haut), 50, 51, 53 (haut), 54, 55, 57 (haut), 58, 59, 61, 62, 63, 65 (haut).
Vanessa Gautier : couverture (milieu, bas milieu gauche, bas milieu droite), p. 12, 13 (bas), 16, 20, 23, 26, 32, 33 (bas), 36, 39, 42, 43, 48, 49 (bas), 52, 56, 60, 64, 65 (bas), 66, 67, 72, 76, 77, 80, 81, 83, 86.
Caroline Palayer : couverture (bas droite), p. 29, 30, 31, 33 (haut), 34, 35, 37, 38, 40, 41.
Armel Ressot : p. 85.
Laurent Richard : couverture (bas gauche), p. 9, 10, 11, 13 (haut), 14, 15, 17, 18, 19, 21, 22, 24, 25.
Matthieu Roussel : couverture (haut).

Les illustrations des comptines ont été réalisées par **Christian Maréchal** (Killiwatch).

Crédit texte

Le monde d'Abuk : Jean Émile Gombert, Pascale Colé, Jacques Desvignes, Annette Gaberel, Janine Sonnet, Sylviane Valdois.

Conception graphique, mise en pages et couverture : **Killiwatch**
Polices cursives : **Paul-Luc Médard**
Iconographie : **Juliette Barjon**
Coordination artistique : **Léa Verdun**
Coordination éditoriale : **Laurence Michaux**
Édition : **Anne Perez**

N° de projet : 10228903
Dépôt légal : Aout 2016
Imprimé en Italie par Bona Spa